Alciphron

Briefe

Alciphron

Briefe

ISBN/EAN: 9783744719896

Hergestellt in Europa, USA, Kanada, Australien, Japan

Cover: Foto ©ninafisch / pixelio.de

Weitere Bücher finden Sie auf **www.hansebooks.com**

Alciphrons Briefe.

Erstes Buch.

Aus dem Griechischen übersetzt

von

J. F. Herel.

Altenburg,

in der Richterischen Buchhandlung 1767.

Vorrede.

Ich werde mit meinen Le=
sern nur wenige Augen=
blicke zu sprechen haben. Meine Ab=
sicht ist es, ihnen einen schönen Geist
aus dem Alterthume zu empfehlen; ei=
ne Arbeit, die mir, wenn ich anders
gut gewählt habe, weit weniger Mü=

be

he kosten muß, als wenn ich mit schmei=
chelndem Stolze den Werth eines ei=
genen Werkes zu erheben suchen wür=
de, und den Kunstrichter auf Rech=
nung des Publikums mir zum Freun=
de zu machen.

Einige Griechen versuchten es, die
Sitten und den Charakter ihres Vol=
kes in erdichteten Briefen auszudrü=
cken, die verschiedene Personen und
Handlungen aus dem gemeinen Leben
zum Gegenstande hatten. Welches
Feld für einen Schriftsteller von Ta=
lenten, seine Känntniß des menschli=

chen

chen Herzens und der Leidenschaften
zu zeigen, und mit feiner Satire, mit
ausgesuchten Zügen, mit Beobach=
tung des wahren und anständigen,
seinen Stoff auszuschmücken! Und
doch waren diese Versuche nicht alle
von gleichem Werthe. Entweder
hatte damals der gute Geschmack be=
reits einen Theil seiner Vollkommen=
heit verlohren, oder es sollte Grie=
chenland nur mit einem Luciane den
gegründeten Neid seiner witzigen Nach=
ahmer rege machen. Statt der Vor=
schrift, der Natur beständig getreu zu
seyn, verwechselten sie manchmal ihre

edle

edle Einfalt mit einer gekünstelten
Sprache, die durch gehäufte Gegen=
sätze und gezwungne Metaphern bald
ermüdend wird, und beweißt, daß
sich ihre Verfasser nicht immer in die
Lage der Personen zu versetzen gewußt
haben, die sie schreiben ließen. Ihre
Helden sprechen bisweilen zu gelehrt
und sinnreich, als man es von ihrer
Einsicht fordern darf. Die Begierde,
eine moralische Wahrheit vorzutra=
gen, verleitete sie, solche an Orten an=
zubringen, wo sie die Wirkung aller
schönen Stellen haben, die zur Unzeit
glänzen sollen, — daß man sie oh=
ne

ne Aufmerksamkeit überläuft. Ihre
Pflicht wäre es gewesen, den Leser
unvermerkt die Wahrheit eines ver-
steckten Satzes empfinden zu lassen,
nicht, mit der Mine eines trocknen
Schulweisen ihn unterrichten zu wollen.

Aber alle diese kleinen Fehler, die
zum Glücke nicht allgemein sind, werden durch häufige und zum Theil gros-
se Schönheiten ersetzt. — Darf ich
es gestehen, daß ich mit einiger Verwunderung wahrnahm, wie wenig
man noch unsere Landesleute mit diesem Felde des griechischen Witzes bekannt gemacht habe, sie, die man

mehr

mehr als einmal die Grazien eines
Anakreons und Theokrits kennen lehr-
te? Sollten diese Schriftsteller nicht
Verdienste genug besitzen, um auch in
unserer Sprache Leuten von Geschmack
angenehm zu werden, und nicht bloß
dem Gelehrten und Sprachforscher
brauchbar zu bleiben? — Genug,
ich wage es, den Anfang damit zu machen, und vielleicht findet mein Unter-
nehmen bey Freunden und Kennern
des Schönen einige Nachsicht. Ich
wählte den Alciphron, weil ich an dem-
selben mehre Vorzüge, und weniger
Vorzüge als an den übrigen zu bemer-
ken glaubte. Seine Erfindungskraft

ist

ist reich und fruchtbar, seine Einbil-
dung lebhaft, und er weiß die Kunst,
uns in das Interesse der Personen, die
er schreiben läßt, zu ziehen, und in
Aufmerksamkeit auf ihre kleine Bege-
benheiten zu erhalten. Er ist fast
durchgehends korrekter als Aristänet,
sein Nachahmer; man vermißt bey
ihm den übertriebenen süßen Ton, der
in diesem herrscht, und seine Schilde-
rungen sind weit richtiger, und mit
größerer Känntniß der Welt und der
Sitten gemacht. Ich werde mich be-
mühen, nächstens in einer besondern
lateinischen Abhandlung diesen Unter-
schied genauer anzugeben, und über-

A 5 haupt

haupt von dem Werthe der griechi=
schen Briefsteller meine Gedanken zu
entdecken.

Noch ein Wort von der Arbeit
meiner Uebersetzung selbst! Vielleicht
ist es genug gesagt, wenn ich den Wunsch
äußere, daß sie der Sorgfalt, die ich
darauf gewendet, nicht überall gänz=
lich entsprechen möge. Meine vor=
nehmste Sorge war, das Schülerhaf=
te sowol, als das Ungetreue nach
Möglichkeit zu vermeiden; zwo Klip=
pen, an welchen manche Uebersetzer
so leichtlich verunglücken. Sie sollte
die Farbe des Alterthums nicht ver=
liehren, und eben so wenig mit neuge=

borg=

borgtem Flitterwerke täuschen. Die
Erfahrung hat mir gezeigt, wie viele
Schwierigkeiten ein Uebersetzer zu bekämpfen habe, der das Genie einer
Sprache, wie die griechische, und die
Kraft ihres Ausdrucks in eine andere
übertragen will, ohne seinen Autor zu
verstellen, und dieses wird mich ent-
schuldigen, wenn nicht alle Briefe die
Leichtigkeit eines Originals im Aus-
drucke besitzen können. Uebrigens habe ich mich der Berglerischen, als der
besten Ausgabe, bedient, und bey schwe-
ren oder verderbten Stellen bin ich
den wahrscheinlichsten Meinungen der
Kunstrichter, oder meinen eignen
Muth-

Muthmaßungen gefolgt. — Ich überlasse diesen Versuch meiner Uebersetzung der Beurtheilung der Kunstrichter nicht anders, als mit Vergnügen. Ist er unglücklich, so überhebt ihr Ausspruch mich einer vergeblichen Mühe, und den Leser eines fortgesetzten Verdrusses. Ist er aber erträglich, so wird doch ihr freundschaftlicher Tadel mir das Fehlerhafte im Stile überhaupt, und die einzelnen falschen oder matten Stellen entdecken, und wie sehr würde dadurch die Folge meiner Arbeit gewinnen müssen!

Alci=

Alciphrons Briefe.

Erstes Buch.

I.

Eudius an den Philoskaphus.

 Die stürmische See hat sich endlich heute zu unserm Vortheile geleget. Drey Tage dauerte der Sturm fort, und die Nordwinde breiteten sich von den Vorgebürgen

bürgen her mit Ungestüm über das Meer
aus. Die erschütterte Flut schwärzte sich,
und das Waffer schäumte, indem die Wellen von allen Seiten her übereinander stürz-
ten, und bald an die Klippen anprellten,
bald aber durch ihre Schwehre in sich selbst
zerbersteten. Hier war unsere Arbeit gänzlich gehemmt; wir begaben uns in die Hüt-
ten am Ufer, machten von einigen ge-
sammleten Trümmern Holz, welche die
Schifsbauleute jüngst von den gefällten
Eichen zurückgelassen, Feuer an, und ver-
wahrten uns damit gegen die durchdringen-
de Kälte. Endlich kam der vierte Tag
herbey, ein wahrer Tag der Halcyonen,

wie

wie ich aus der Heiterkeit des Himmels
schließe, und mit ihm Glück und Reichthum im Ueberfluß für uns. So bald die
Sonne aufgieng, und ihre ersten Strahlen
auf dem Meere glänzten, ließen wir schnell
den kleinen Nachen, der neulich auf das
Land gebracht wurde, in die See. Wir
versahen uns mit Netzen, und fiengen unsere Verrichtung an. Nicht weit vom
Lande wurde ausgeworfen. Ha! welche
ungeheure Menge Fische zogen wir nicht!
Beynahe hätte das schwer beladene Netz
selbst die Korkstücken mit sich in die Tiefe
gezogen. Den Augenblick kamen die Fisch-
verkäufer, mit dem Tragholze über den

Schul-

4 **Eudius an den Philosophus.**

Schultern, woran auf beyden Seiten Kör=
be hiengen, herbey, sie bezahlten unsere
Waare mit baarem Gelde, und eilten nach
Athen aus Phalerus zurücke. Alle diese
Leute waren wir im Stande zu versehen;
ia wir brachten noch überdies unsern Wei=
bern und Kindern eine ziemliche Menge
Fische von schlechterer Gattung nach Hau=
se. Sie werden sich hiervon nicht nur ei=
nen, sondern bey einfallendem Sturme
verschiedene Tage erhalten können.

———

2.

Galenus an den Kyrton.

Umsonst ist alle unsere Arbeit, o Kyt=
ton! Bey Tage quält uns die Son=
nenhitze, zu Nachts durchfischen wir das
Meer beym Fackelscheine, und bey allen
diesen schütten wir, nach dem Sprüch=
worte, die Eymer in die Fässer der Da=
naiden. Eitle und unersprießliche Be=
schwerlichkeit! Weder Nosselfische, noch
Pelorische Muscheln stillen unsern Hunger,
und bey allen diesen fordert uns unser
Herr, beydes, die Fische und das daraus
erhobne Geld ab. Noch nicht mit diesem

B　　　　　Gewinn.

Gewinnste zufrieden, unterläßt er es nie, unsern kleinen Kahn auf das sorgfältigste durchzusuchen. Neulich schickten wir aus Munichien den Hermon (du kennst den Jüngling) mit Fischen für seine Tafel hin. Durch diesen giebt er uns den Befehl, ihm Schwämme und Wolle, die am Gestade wächst, zu liefern. Ehe er seine Anforderung wiederholt, verläßt Hermon seine Last Fische, er verläßt uns und den Kahn, und schlägt sich mit einem Ruder-schifgen zu einigen Seeleuten aus Rhodus. Und auf diese Art mußte unser Herr einen guten Sklaven, wir aber einen getreuen Mitarbeiter verliehren.

3.

3.

Glarkus an Galatheen.

Wie glücklich lebt man doch auf dem
festen Lande, und welcher Sicher=
heit genießt man nicht bey dem Feldbau!
Mit Recht nennen die Athenienser das
Erdreich das wohlthätige, da es uns Ge=
schenke darreicht, auf die sich Leben und
Erhaltung gründet. Wie grausam ist im
Gegentheil das Meer, und welcher Ge=
fahr ist nicht die Schiffarth ausgesetzt?
Mein Urtheil ist richtig, es bezieht sich
auf Erfahrung und Unterricht. Einstens
wollte ich zu Athen Fische verkaufen. Da

hörte

hörte ich einen barfüßigten, todtenbleichen
Weltweisen, dergleichen sich um Poecile
aufhalten, einen kleinen Vers hersagen,
der die blinde Verwegenheit der Seefah-
rer bestrafte. Wie er sagte, soll er aus
einem gewissen Aratus, der die Gestirne
gut verstunde, genommen seyn. Die
Stelle weiß ich nicht mehr vollkommen;
So viel ich mich noch erinnere, lautete sie
so : Ein dünnes Holz hält blos den Ab-
grund auf. Warum wollen wir uns also,
geliebtes Weib, nicht der klugen Vorsicht
bedienen, auch noch letzt späte die nahen
Gränzen des Todes zu fliehen ? Wir haben Kinder; können sich biese gleich, weil

wir

wir arm sind, von uns keine großen Vor=
theile versprechen, so sollen sie uns doch die
glückliche Unwissenheit der tobenden Wel=
len und der Gefahren des Abgrunds ver=
danken. Unser Beyspiel soll sie unterrich=
ten, sich von dem Ackerbau zu nähren;
und an einem sichern und ruhigen Leben
Geschmack zu finden.

4.

Kymothus an Tritonis.

So sehr die See von dem Lande unter=
schieden ist, so ungleich ist das Ver=
hältnis zwischen uns, deren Aufenthalt
auf dem Meere ist, und dem Einwohner

der

der Städte und Dörfer. Entweder sie verrichten ihre bürgerliche Geschäfte in dem Bezirke der Mauern, oder wenn sie sich auf den Feldbau legen, so erwarten sie die reichen Früchte ihres Feldes zu ihrem Unterhalte ganz ruhig. Unser Leben hingegen ist nur auf dem Wasser, uns ist das Land tödlich, und wir gleichen den Fischen, welchen das Athmen in der Luft unerträglich fällt. Welcher Wahnwitz überfällt dich also, meine Frau, daß du das Ufer und dein Gespinste verlässest, und die Stadt zu wiederholten malen besuchest, um in Gesellschaft des reichen Athenienschen Frauenzimmers die Oschophorien und

die

die Lenäischen Feste zu begehen? Das heißt
wenige Bescheidenheit und Klugheit zeigen,
und für sein Bestes sorgen.   Zu solchem
Endzweck hat dich dein Vater aus Aegina,
dem du deine Geburt und Erziehung zu
danken hast, keinesweges an mich verheyrathet. — Hat die Stadt so viele Reize
für dich, so lebe wohl, und trenne dich von
mir. Liebst du aber das Seeleben, so be-
denke dein Bestes, kehre zu deinem Mann
zurück, und vergiß die verführerischen
Schauspiele in Athen auf ewig.

5.

Naubatus an den Rhothius.

Du schmeichelst dir ganz alleine reich zu seyn, weil du meine Tagelöhner durch Erhöhung ihres Lohns an dich lockest. Die Sache fällt dir leicht. Ein glücklicher Zug brachte dir iüngst eine Menge seiner Goldstücke vom Darius zu, welche vielleicht Ueberbleibsel des Salaminischen Seetreffens sind. Vielleicht sank dort ein persisches Schif mit seiner Mannschaft und aufhabenden Schätzen zu Grund, als Themistokles, des Neokles Sohn, zu unserer Voreltern Zeiten, das große Siegeszeichen,

zeichen, wegen der besiegten Barbaren errichtete. Ich meines Orts bin mit dem nothdürftigen Unterhalte, den mir die tägliche Handarbeit erwirbt, zufrieden. Du hingegen, besitzest du Reichthümer, gut, nur mußt du darum nicht andere kränken, und dich deines Vermögens zu Ausübung niederträchtiger, sondern vielmehr edler und gemeinnütziger Handlungen bedienen.

6.

Panope an den Euthybulus.

Du hast mich, Euthybulus, nicht a: eine verächtliche und aus dem gemeinen Pöbel entsprossene Person geehlicht.

licht. Ich bin von väterlicher und mütter=
licher Seite von gutem Geschlechte. Sost=
henes, aus dem Stirischen Stamme, war
mein Vater, und meine Mutter, Damo=
phile. Diese verabredeten und knüpften
unsere Ehe, die zu Erzeugung ächter Kin=
der abzielen sollte, unter Versicherung ih=
rer sämtlichen Verlassenschaft. Nunmeh=
ro reizen dich deine herumschweifende Bli=
cke, und deine zügellose Neigung zu den
Wollüsten der Liebe, mir und unsern Kin=
dern zur Schande, Galenen, Thalaßions
Tochter, die sich aus Hermione hier ge=
setzt, zu lieben. Dieses Mädchen ist würk=
lich zum Verderben verliebter Leute in den

Pirä=

Piräeifchen Hafen angelangt. Die iun=
gen Fifcher am Meere befuchen fie, und
ieder macht ihr verfchiedene Gefchenke. Sie
nimmt fie an, und verfchlingt alles, gleich
der Charybdis. Du allein überfchreiteft
in deiner Freygebigkeit deinen Fifcherftand,
und niemal fällt es dir ein, ihr etwan
nur Marniden oder Barben zu bringen:
Als ein Mann bey Jahren, der fchon lan=
ge verheyrathet, und ein Vater ziemlich
erwachfener Kinder ift, fchickft du ihr Mi=
lefifche Zeuche, Sicilifche Kleider, ia felbft
goldenes Gefchmeide zu, in Meynung,
deine Nebenbuhler zu vertreiben. Entwe=
der entfchließe dich, diefe beleidigende Auf=

führung

führung abzulegen, und beiner Weichlich-
keit und ausschweisenden Liebe zu den Mädchen Einhalt zu thun, oder sey versichert,
ich verfüge mich zu meinem Vater nach
Haus. Er wird mich nicht ohne Hülfe
lassen, sondern dich wegen deines üblen
Betragens gegen mich gerichtlich belangen.

7.

Thalassus an den Pontius.

Ich überschicke dir hier eine Pfitta, einen Sandalium (*), einen Schwerd-
fisch und fünf und dreyßig Purpurmu-
scheln, gieb mir dafür zwey Ruder, weil
die

(*) Gewisse Arten von Seefischen.

die meinigen zerbrochen sind. — Geschenke, die sich Freunde untereinander
machen, sind eigentlich bloße Vertauschun-
gen. Wer frey und ohne Umstände etwas verlanget, erklärt dadurch, daß er
das Seinige mit seinen Freunden, und
auch hinwieder das Ihrige gemeinschaftlich zu besitzen glaubt.

***

8.

Erkolymbus an Glaucen.

Unentschloßne Leute pflegen den Ausspruch ihrer Freunde begierig zu erwarten. Schon öfters vertraute ich meine Verlegenheit den Winden an, weil ich

es

es bey dir, meine gute Frau, niemals
wagte: nun aber will ich mich doch dir
entdecken, und dich bitten, mir einen guten Rath nach deinem Befinden mitzuthei-
len. Höre einmal die Umstände, in welchen du urtheilen sollst. Unsere Sachen
stehen, wie du weißt, ungemein schlecht,
und der Unterhalt fällt uns äußerst schwer;
weil die See fast keine Fische mehr liefert.
Das Ruderschif, so du hier siehest, und
mit so vielen Ruderknechten versehen ist,
ist ein Koryzisches, und seine Mannschaft
Seeräuber. Unter Versprechung ansehn-
licher und fortdaurender Vottheile verlan-

gen

gen sie mich zum Theilhaber ihres kühnen
Anschlages aufzunehmen. Ich gestehe es,
das versprochne Gold und das Kleid reizen
mich gewaltig; aber ein Mörder zu wer=
den, und meine Hände, die das Meer
bisher von Kindheit auf von allen Unge=
rechtigkeiten rein bewahrte, mit Menschen=
blute zu beflecken, das ist mir unmöglich.
Und doch ist es auf der andern Seite hart,
und unerträglich, in beständiger Armuth
zu leben. — Die Entscheidung stehet in
deinen Händen, wie ich wählen müsse;
wohin du, meine Frau, dich einmal wen=
den wirst, dorthin werde ich folgen, denn
der Rath, den uns Freunde ertheilen,

pflegt

pflegt öfters unsre zweifelhafte Entschließ-
sungen auf einmal zu bestimmen.

9.

Aegialeus an den Steuthion.

Ich Unglücklicher! Wie widrig laufen
nicht meine Sachen, recht, wie man
sagt, wie es dem Mandrobulus gieng.
Welch schlechtes Vergnügen, wenn man
seine Waaren um geringe Scheidemünze
verkaufen muß, um sich damit seinen Unterhalt zu verschaffen! — Es ist hohe
Zeit, mein lieber Steuthion, daß du mir
zu meinem Vortheil behülflich bist. Stä-
he mir, ich bin erkenntlich, so gut es mei-

ne

ne Fischerey auf dem Meere erlaubet wird.

Ich wünschte nämlich, durch deinen Vor=
spruch zu einem oder dem andern reichen
Bürger, dem Erasikles aus dem Sphetti=
schen, oder dem Philostratus aus dem Cho=
largischen Stamme, den Zutritt zu er=
halten, damit ich ihnen meine Fische in
Körben zum Verkauf bringen darf. Ich
bin versichert, man hat außer der Bezah=
lung jährlich an dem Bacchus = oder Apa=
turienfeste, einige Geschenke von ihnen zu
erwarten. Außer dem können sie mich
auch für der verhaßten Gewalt der Poli=
zeybedienten sicher setzen, die zur Vermeh=
rung ihres Gewinnstes stille und furchtsa=

C   me

me Leute täglich beleidigen. — Nicht
etwan der Ruf, nein, die Erfahrung hat
gelehret, daß ihr Tischfreunde bey iungen
und reichen Personen vieles auszurichten
im Stande seyd.

───────────────

10.

Cephalus an den Pontius.

Du siehst es, das Meer hat bereits
angefangen in Bewegung zu gerathen; eine dichte Schwärze hat sich über
den Himmel ausgebreitet, und von allen
Seiten her ist alles mit Wolken überzogen.
Die Winde stoßen mit Ungestüm zusammen, und drohen ieden Augenblick, die

See

See umzukehren; selbst die Delphinen verkündigen einen nahen heftigen Sturm; sie hüpfen in die Höhe, und schwimmen auf der Fläche des vollen Meeres leicht hinweg. — Wie die Sternenkündiger sagen, so soll der Stier am Himmel in kurzem aufgehen. — Leute, die sich mit Vorsatz für der Gefahr schützen, überstehen sie gröstentheils sicher und glücklich; allein es giebt andere, die sich aus Verzweiflung freywillig den Wellen, und ihr Steuerruder dem Schicksaale überlassen. Daher hört man auch, daß einige an dem Maleischen Vorgebürge, andere in der Sicilischen Meerenge, und wieder andere in

dem Lycischen Meere, von den Wellen fort-
gerissen, gestrandet, oder gesunken sind.
Die Kapharische Küste ist bey einem ge-
fährlichen Sturme nicht vortheilhafter für
die Schiffe, und eben deswegen wollen wir
auch bis an die Ufer dieses Vorgebürges
herumfahren, so bald sich die ungestümme
Fluth gelegt hat, und die Luft heiter ge-
worden ist. Vielleicht treffen wir irgend-
wo den Ueberrest eines Schiffbruchs, einen
ausgeworfenen Körper an, laßt uns dessen
Begräbnis besorgen. Nie bleiben Wohl-
thaten unbelohnt, sollte auch schon auf die
Handlung nicht sogleich die Vergeltung
folgen. Der innerliche Beyfall hat den-

noch

noch außer dem zu hoffenden Gewinnste
viele lebhafte Reize für das Herz, beson-
ders, wenn man diese Gütigkeit an seinen
verstorbenen Mitbürgern erweiset.

II.

Thynnaus an den Skopelus.

Mein guter Skopelus, hast du schon
diese höchst angenehme Zeitung ver-
nommen? Die Athenienser sind gesonnen,
eine Flotte außer Land zu schicken, und den
Krieg zur See zu führen. Parolus und
Salaminia, die schnellsten Schiffe gehen
voraus, und stechen bereits in die See,
nachdem sie die Aufseher, die den Ort und

die

die Zeit der Abfarth bestimmen sollen, ein-
genommen haben. Die übrigen Schiffe,
so die Armee selbst fassen, brauchen eine
beträchtliche Menge Ruderknechte, die eine hinlängliche Erfahrung besitzen, Wind
und Wellen zu begegnen. — Was ist
hier zu thun , liebster Freund, sollen wir
fliehen oder bleiben ? Von dem Piräeus,
Phalerus und Sunium, bis an die äußersten Bewohner von Gerastus wirbt man
alles an , was vom Seeleben Handwerk
macht. Wie würden aber wir im Stande seyn, im Treffen zu stehen , und be-
wafneten Männern zu gehorchen, wir, de-
nen nicht einmal die bürgerlichen Stret-

tig=

tigkeiten bekannt ſind? — Da ich alſo
unter zweyerley harten Umſtänden wählen
mußte, entweder mit Hintanſetzung Weib
und Kinder zu fliehen, oder mein Leben
dem Schwerd und Meere zu gleicher Zeit
bloß zu ſtellen; ſo ſchien mir die Flucht
das beſte zu ſeyn, weil ich mir von mei=
nem längern Aufenthalte nichts gutes ver=
ſprechen konnte.

12.

Nauſibius an den Prymnäus.

Es war mir noch unbekannt, wie ſehr
die reichen athenienſiſchen jungen
Leute an der Wolluſt und den weichlichſten

Ver=

Vergnügen Geschmack finden : Als aber
neulich Pamphilus und seine Freunde
meinen Kahn mietheten, um bey stiller
See herumzufahren, und an dem Fange
Theil zu nehmen, da lernte ich, welche
ausgesuchte Ergötzungen sie sich auf dem
Meere verschaffen können. Die hölzerne
Sitzplätze in der Barke waren ihm zuwi-
der, er nahm also sein Lager auf einigen
ausländischen Tapeten und Decken, und
versicherte, es fiele ihm ohnmöglich, wie
der Pöbel auf dem bloßen Verdecke zu liegen. — Wahrhaftig, er muß die Bret-
ter für rauher als Stein halten! Darauf
bat er uns, das leinwandne Seegel des

Schat-

Schattens wegen auszuspannen, weil ihm
die Sonne schlechterdings unerträglich wäre. Unerträglich? — nicht bloß wir
Fischer, sondern überhaupt alle Leute, die
keine große Reichthümer besitzen, wärmen
sich bey aller Gelegenheit mit vielem Vergnügen an der Sonne, denn das Meer
und ein brennender Frost, das ist beynahe einerley. — Doch Pamphilus fuhr
nicht alleine oder blos in Gesellschaft seiner
Freunde, eine Menge vorzüglich schöner
Mädchen begleitete sie, und iedes darun-
ter verstund die Musik. Eines hies Kru-
matium, diese blies die Flöte, eine Era-
to, beschäftigte sich mit der Harpfe, und

eine

eine andere, Erepis, ließ die Cymblen tö=
nen. — Und ſo ward nun mein Kahn
ganz voll Muſik; Geſänge und Vergnü=
gen erfüllten das ganze Meer. Mir nur
allein brachte dieſes keine Freude. Ver=
ſchiedene meiner Zunftgenoſſen, beſonders
der verdrüßliche Glaukias, waren mir mit
ihrem Neide beſchwerlicher als ein Telchi=
ne (*). Doch die erfolgte gute Bezah=
lung heiterte mich wieder auf; ich liebe itzt
ſeine Luſtbarkeiten, die er zu Schiffe an=
ſtellt, und wünſche, daß ſich aufs neue
ein

(*) Gewiſſe Leute, die wegen ihres ver=
drüßlichen Charakters zum Sprichwor=
te wurden.

ein junger Mensch, der sich so freygebig und kostbar aufführt, bey mir einstellen möge.

13.

Auchenius an den Harmenius.

Bist du im Stande, mir Hülfe zu leisten, wohlan, so eröfne es mir, ohne meine Umstände andern Leuten zu entdecken, wo nicht, so must du verschwiegener als ein Areopagite seyn. Ich will dir einigermaßen meinen Zustand erzählen. Die Liebe, die mich auf einmal ergriffen, erlaubt mir nicht von der Vernunft geleitet zu werden. Diese Leidenschaft ver-

drängt

drängt bey mir alle gesetzte Entschließun-
gen beständig. Auf eine unbegreifliche
Weise hat sie sich in mich, einen armen
Fischer, der kaum seinen dürftigen Unterhalt erwirbt, gewaltsam gesenkt; sie hat
sich ohne Nachlaß feste gesetzt, und ich
brenne eben so stark, als die reichen und
liebenswürdigen Jünglinge. Ich, der ich
sonst die weichlichen Sklaven der Liebe be-
lachte, ich bin nun ganz von ihr eingenom-
men; ich wünsche verehlicht zu seyn, und
stelle mir den Hymenäus, Terpsichorens
Sohn, im Geiste vor. Mein geliebtes
Mädchen ist unter den Fremdlingen, die
aus Hermione zu meinem Unglück, ich

weiß

weiß nicht wie, in den Piräeus ankamen.
Es ist mir zwar unmöglich, ihr ein Hey-
rathsguth zu geben, ich schmeichle mir aber,
wenn ich mich als einen rechtschafnen Fischer zeigen werde, einen schicklichen Bräu-
tigam für sie abzugeben, wenn anders ihr
Vater nicht im äußersten Grade wunder-
lich ist.

14.

Enkymon an den Haliktypus.

Als ich neulich am Ufer von Sunium
ein altes, durchlöchertes Netz erblick-
te, so fragte ich, wem es gehöre, und warum es hier läge, da es von einer allzu-

starken

ſtarken Laſt geborſten, und auch durch die
Länge der Zeit zerriſſen war.   Man ant=
wortete mir, vor vier Jahren ſey es deine
geweſen, dann wäre es an eine verborgene
Klippe gerathen, und mitten in den Ma-
ſchen entzwey geriſſen.   Weil du es von
der Zeit an, weder ausbeſſern, noch weg=
nehmen wollen, ſey es liegen geblieben;
dann als ein fremdes Gut habe es nie=
mand von den Nachbarn anzurühren be=
gehrt.   Nicht nur dieſe Leute , ſondern
auch du, der vormalige Beſitzer, haben
folglich ſich ihres Rechts darauf begeben.
Ich bitte dich alſo um etwas, das durch
das Alter verdorben, und eigentlich nicht

r.   mehr

mehr dein ist. Du wirst dich zu diesem Geschenke bereitwillig finden lassen, das du bereits dem Untergange bestimmt hast, und dir also nicht den geringsten Schaden bringt.

15.

Haliktypus an den Enkymon.

Ist es doch ein Sprüchwort: Des Nachbars Auge ist gehäßig und neidisch! — Was hast du dich wohl um das meinige zu bekümmern? Und warum hältst du das für dein Eigenthum, was mir zu vernachläßigen gefallen hat? Halte deine Hände, noch mehr aber deine unersättliche Neigungen zurücke, und lasse dich die heftige

tige Begierde nach fremden Sachen nicht
darzu verleiten, unrechtmäßige Gefällig=
keiten zu erbitten.

16.

Enkymon an den Haliktypus.

Ich habe nichts von dir verlanget, was
du eigentlich hast, sondern was du
nicht hast. Du willst auch dieses nicht
einmal einem andern vergönnen? Gut;
so besitze immerhin dasjenige, dessen Ei=
genthum in der That nichts mehr würkli=
ches ist.

17.

Evsagenus an den Limenarchus:

Der verzweifelte lesbische Kundschafter! das Meer, schrie er, wäre größtentheils dunkel, und in einer zitternden Bewegung, es müsse sich ein ganzer Haufe Thunnfische oder Pelamiden nähern. Wir glaubten ihm, und fiengen beynahe den ganzen Meerbusen mit dem Netze ein. In kurzen verließen uns schon die Kräfte, und die Last war größer, als man sonst von einem Zug Fische vermuthen konnte. Voll Hofnung riefen wir einige Nachbarn herbey, und versprachen mit ihnen zu theilen,

D   wenn

wenn sie uns den Fang und die Arbeit ge=
sellschaftlich erleichtern würden. Endlich,
nach vieler ausgestandenen Mühe, zogen
wir des Abends späte ein ungeheures Ka=
meel heraus, das bereits faulte, und von
Maden wimmelte.' Ich wollte dir diesen
Fang erzählen, nicht um dir Gelegenheit
zum Spotte zu geben, sondern damit du
sehen kannst, durch welche mannigfalti=
ge Streiche das Schicksaal mich Unglück=
lichen zu bekämpfen suche.

18.

18.

Euplous an den Thalasseros.

Wahrhaftig, dich muß entweder dein Glück zu Ausschweifungen verlei= ten, oder du bist deiner Vernunft be= raubt! Du liebst, wie ich höre, eine Sän= gerinn, du besuchst sie zu deinem Unglü» cke, und setzest darüber dein tägliches Ge= schäfte, das Fischen, gänzlich beyseite. Der rechtschafne Nachbar Sosias hat mir diese Nachricht ertheilt. Er ist ein Mann, der die Wahrheit aufrichtig liebt, der sich noch nie verleiten ließ, eine Unwahrheit zu sagen. Das ist eben der Sosias, der

D 2   von

von den kleinen Fiſchen, die er im Garn
fängt, die wohlgeſchmackte angenehme
Brühe zu kochen weiß. — Sage mir
doch, wer hat dir in der Muſik die dia=
toniſche, chromatiſche und euharmoniſche
Tonfügung gelernt, denn wie er ſagt, ver=
ſteheſt du auch dieſe? — Die Schönheit
des Mädchens und ihre Muſik hat dich
wohl alſo beedes gleich ſtark entzückt? —
Höre doch auf, dein Geld auf dergleichen
Sachen zu verwenden, ſonſt wirſt du dich
von ſolchem entblößen, und ſtatt des Mee=
res auf dem feſten Lande Schifbruch leiden,
ja, die Wohnung dieſer Sängerinn wird
dir ſo gefährlich, als immermehr der kalp=

doniſche

donische Meerbusen, oder das Tyrrhenische
Gewässer werden (*). Dann ist es hier
umsonst, die Kratais, bey Scyllens zwei-
tem Anfalle, anzurufen.

19.

Thalasseros an den Euplous.

Mein guter Euplous, deine Ermah-
nung ist bey mir vergebens ange-
bracht. Es ist mir gänzlich unmöglich,
diesem Mädchen zu entsagen, da ich dem

D 3   mächti-

(*) Die Mutter der Scylla, welche Ho-
mer seinen Ulysses anrufen läßt, um
ihre Tochter von einem wiederholten
Anfalle auf sein Schif zurückzuhalten.

mächtigen Winke des Gottes folge, der mit Fackel und Bogen bewafnet ist. Die Liebe ist uns Fischern ja ganz eigen und verschwistert; die Göttinn, die aus dem Meer entsprang, gebahr diesen Knaben, und also ist Amor von mütterlicher Seite der unsrige. Von ihm verwundet, genieß ich am Meere des Umgangs meiner Geliebten, und glaube, daß ich in ihr eine Panope oder Galatee, die reizendsten der Nereiden, besitze.

———

20.

Thermolepyrus an den Ocimon.

O klägliches Schicksal, das uns wider-
fuhr! Andern Gästen wurden die
ausgesuchtesten Leckerbissen und Leber, die
wegen ihrer Zärte und Fettigkeit dem Thaue
gleichte, vorgesetzt, und uns speißte man
mit schlechtem Muße; sie tranken chaly-
bonischen, wir hingegen verdorbenen,
eßighaften Wein. — Mächtige Götter,
und ihr Geister, die ihr unsre Schicksaale
leitet, wendet doch einmal dieses unbillige
Geschicke, und erhaltet nicht einige Men-
schen nur in ununterbrochener Glückseelig-

keit,

keit, unterdeſſen, daß ihr andere auf imꝛ
mer zum Hungerleiden verdammet! —
Das iſt einmal der gewaltſame Lauf des
Verhängniſſes. An uns, deren Glücks-
umſtände ſchlecht und geringe ſind, übt es
allezeit ſeine Ungerechtigkeiten aus.

21.

Konoposphrantes an den Iſcholimus.

Die Hofnung war vergeblich, die ich
mir von dem jungen Polykritus gemacht hatte. Ich glaubte, er würde nach
dem Tode ſeines Vaters ſein Vermögen
zügellos verſchwenden, und es durch
Schmauſereyen und den Genus des Verꝛ

gnügens

gnügens in unſerer und der ſchönſten Mäd=
chen Geſellſchaft entweder ganz oder doch
gröſtentheils erſchöpfen.   Nun , da der
Alte todt iſt, ſpeißt er des Tages ein ein=
zigmal ganz ſpáte , erſt wenn die Sonne
bereits untergehen will.   Dann ſpeißt er
nicht etwan theure Gerichte, nein, Brod
von dem öffentlichen Markte, und wenn
er ſich einen recht frohen Tag machen will,
ſchlechte halbverborbene Oliven zum Bey=
eſſen.   Ich weis nicht mehr, was ich an=
fangen ſoll, da mir eine ſo ſchöne Hofnung
fehl ſchlägt.   Wann der Erhalter ſelbſt je=
mand, der ihn ernährte, vonnöthen hat,
wie wird es erſt dem gehen, der von ihm

feinen Unterhalt erwartet? Das ist eine gedoppelte Beschwerlichkeit, mit einem Hungerleider umzugehen. Lebe wohl!

22.

Eubulus an den Gemellus.

Eine Torte, die den Nahmen von dem Sicilier Gelon führet, war gerade vor mir auf der Tafel aufgesetzt. Ihr Anblick allein entzückte mich, und immer stand ich in Bereitschaft, sie zu verschlucken; allein das verzog sich erstaunlich lange, denn das Gebackene war mit allerley andern Konfekte, als Pistazienfrüchten, Datteln und ausgeschälten Nüssen umlegt. Al-

les

les dieses schaute ich mit feindlichen Blicken an; ich wartete nur mit brennendem
Verlangen, wenn ich mich einmal über
die Torte würde hermachen können. Zum
Unglück zauderte man entsetzlich, den Nach-
tisch anzurühren, und das unaufhörliche
Herumgehen des Bechers verursachte al-
lerhand Hinderniß und Aufschub. Endlich als wenn man es abgelegt hätte, meine
Begierde zu quälen, so reinigte hier einer
die Zähne mit einem Splitter von dem
darinnen sitzenden zafrigten Reste der Spei-
sen; ein anderer legte sie zurücke, und zeigte
mehr Lust zu schlafen, als an den Tisch zu
denken; dort schwazten einige miteinander,

und

und an nichts dachte man weniger, als diese angenehme Torte nach meinem sehnlichen Wunsche zu verzehren. Zuletzt sahen die Götter, wie ich glaube, mein schmachtendes Verlangen mitleidig an, und ließen mich die Torte nach langen Bestreben kosten. Ich versichere dich, dieses Vergnügen ergötzte mich nicht so sehr, als mich der lange Verzug mit Verdrusse gequálet hat.

23.

Platylámus an den Erebintholecn.

Noch niemals stunde ich in dem attischen Gebiete einen so strengen Winter aus.

aus. Die Winde, die schnell abwechselnd,
oder vielmehr verwirrt untereinander we:
heten, stießen mit Heftigkeit auf uns, auf
welches ein dichter häufiger Schnee fiel.
Der Boden ward bedeckt, eine gewaltige
Menge häufte sich, nicht an der Oberflä=
che hin, sie stieg in die Höhe, daß man
kaum die Hausthüren öfnen und die Straß=
sen unterscheiden konnte. Ich hatte, du
kannst es leicht begreifen, kein Holz, nicht
das geringste von brennbaren Sachen im
Vermögen, und der Frost drang mir durch
Mark und Bein. Hier gerieth ich auf ei=
ne Erfindung, sie wäre des Ulysses wür=
dig, — ich entschloß mich geschwinde, in
die

die Schwitzkammern oder Kamine der Bä=
der zu laufen. Aber auch da machten mir
meine Zunftgenossen, die hier in Menge
waren, den Zutritt unmöglich; denn auch
sie mußten der Armuth, der nämlichen
Gottheit, Strenge empfinden. So bald
ich merkte, daß für mich hier kein Platz
sey, rannte ich in des Thrasybulus Bad,
in einem Privathause, und fand es unbe=
setzt. Mit zwey Stücken kleiner Münze
machte ich mir den Badeknecht zum Freun=
de, und so wärmte ich mich, bis auf den
Schnee das Eiswetter folgte, und der
Frost die Steine aneinander befestigte, da
das nasse darzwischen gefror. Die strenge

Kälte

Kälte ließ nach, und die gelindern Son-
nenblicke erlaubten mir, mich wieder frey
herauszubegeben, und ohne Beſchwerlich-
keit meine Gänge zu verrichten.

24.

Amnion an den Philomoſchus.

Der Hagel hat meine Saaten mit Gewalt getroffen und verwüſtet, und
ich weiß keine Rettung für den Hunger,
weil ich aus Mangel am Gelde kein aus-
ländiſches Getraide einzukaufen im Stande bin. Du haſt, wie ich höre, noch einigen Vorrath von der letzten reichen Ernd-
te übrig. Leihe mir doch zwanzig Schef-

fel,

ſel, damit ich mich, meine Frau und Kin=
der retten kann. So bald die Früchte ge=
rathen, werde ich es in eben dem Maaße,
ia, wenn ein glückliches Jahr kommt, mit
einem Ueberſchuſſe erſtatten. Laſſe doch
deine guten Nachbarn, die leider! in be=
trübte Umſtände gerathen ſind, nicht ohne
Hülfe.

25.

Ebſtolus an den Elation.

Da das feſte Land meine Handarbeit
nicht hinlänglich belohnet, ſo bin ich
entſchloſſen, mich dem Meere und Wellen
anzuvertrauen. Leben und Tod iſt uns ja
ein=

einmal von dem Verhängnis bestimmt; umsonst ist es, dem tödtlichen Geschicke zu entfliehen, wenn man sich auch in eine Zelle sorgfältig verschließen wollte. Die Würkung dieses Tages bleibt feste gesetzt, und das Schicksal ist unvermeidlich. Unser Leben hängt also nicht von dergleichen Sachen ab; sondern das Glück ist es, das der Austheilung desselben vorsteht. Es gab Leute, die ihren Tod frühzeitig auf dem Lande fanden, und andere, die zur See ein langes Leben erreichten. Ueberzeugt von dieser Wahrheit, will ich mich zur Schiffarth wenden, und mit Winden und Wellen in Gesellschaft leben. Es ist besser

E　　　　　aus

aus dem Bosporus und Propontis mit
neuerworbenen Schätzen nach Hause zu
kommen, als auf einem Feldstücke um A=
then in Schmuz und Trägheit armselig zu
leben.

***

26.

Agelardides an den Pytholaus.

Liebster Freund, die Wucherer in der
Stadt sind doch recht abscheuliche Leu=
te. Neulich brauchte ich Geld, weil ich
wegen eines Landgutes in Kolonus im Kau=
fe stund. Da hätte ich nun zu dir oder
einem andern Nachbarn vom Lande gehen
sollen, aber ich weiß nicht, was mir fehl=

te,

te, daß ich mich an die Thüre des Mar=
tius verfügte, wohin mich ein Bürger aus
der Stadt führte. Hier traf ich einen al=
ten Mann voller Runzeln an, der die Au=
genbraunen zusammen zog, und ein altes,
beschmuztes, von Motten und Würmern
halbzerfreßnes Papier in der Hand hielt.
Anfänglich redete er mich kaum an, eine
Ansprache ist nicht viel besser, als eine Ein=
buße, mochte er wohl denken, iedoch als
ihm mein Begleiter sagte, ich brauchte
Geld, so frug er, wie viele Talente ich
verlangte. Ich äusserte mein Erstaunen
über diese ausschweifende Frage, er aber
verachtete den Vortrag ohne Umstände,

und

und ließ seinen Unwillen deutlich blicken.
Dennoch gab er mir die verlangte Sum=
me, und verlangte meine Verschreibung,
in welcher schwehre Zinnsen über das Ka=
pital ausgemacht, und mein Vermögen
zum Pfand eingesetzt wurde. — Ich blei=
be dabey, die Leute, die sich beständig mit
Zahlpfennigen und Rechnen an den Fin=
gern beschäftigen, sind ungemein gefähr=
lich. — Gütige Schutzgötter des Land=
mannes, laßt mich doch ins künftige weder
Wolf noch Wucherer weiter erblicken.

27.

Anicetus an Phoebianen.

Du fliehſt mich, Phoebiane, du fliehſt
mich, ob du gleich erſt vor kurzen mein ganzes Feld an dich gebracht
haſt. Was fehlt dir wohl noch, das du
nicht als einen Theil meines Vermögens
beſitzeſt. Sind nicht die Feigen, die fri-
ſchen Käſe, das Paar Hüner, und die übrigen leckerhaften Sachen alle ein Geſchenke
von mir? Auf ſolche Art haſt du mich,
nach dem Sprüchworte, gänzlich geſtürzt,
und mit Gewalt zum Sklaven gemacht,
ohne jedoch meine brennende Liebe einiget.

Auf=

Aufmerksamkeit zu würdigen. Lebe wohl,
und fliehe mich nur immer. Ich werde
deine Verachtung mit Schmerzen zwar,
aber dennoch mit Standhaftigkeit ertra-
gen.

28.

Phoebiane an den Anicetus.

Eine Nachbarinn, die sich in Geburts-
schmerzen befand, hatte mich eben
zu sich holen lassen, und schon war ich im
Begriff, mit dem nöthigen Geräthe mich
auf den Weg zu machen. Plötzlich fährst
du auf, willst mit Gewalt meinen Hals
zu dir ziehen, und mich küssen. Unnützer,

elen-

elender Alter, hörst du niemals auf, uns junge blühende Mädchens, gleich einem feurigen Jüngling, mit deiner Liebe zu verfolgen? Hat man dich nicht von den Feldarbeiten bereits abgedankt, weil du schon reif zur Grube bist? Worzu also die= se zärtlichen Blicke, diese Seufzer? Höre auf damit, elender Cekrops, und erinnere dich selbst an deine Beschaffenheit.

29.
Glycera an Bacchis.

Menander hat den Entschluß gefaßt, eine Reise nach Korinth zu machen, um den isthmischen Spielen beyzuwoh=

nen.

nen. Meinen Beyfall findet dieser Ge-
danke nicht. Dir ist es bekannt, was es
heiße, einen so zärtlichen Geliebten auch
nur kurze Zeit zu entbehren; aber ich hatte kein Recht, ihm davon abzurathen, da
das öftere Reisen seine Gewohnheit eben
nicht ist. Kann ich ihm wohl bey seinem
Aufenthalt allbort meine Empfehlung ertheilen, oder darf ich ihm solche gar versa-
gen, da er deine Gewogenheit sich zu erwerben wünscht? Das würde mir, versichert, von deiner Seite eine kleine Eifersucht zuwegebringen, denn ich kenne unsere
wechselsweise genaue Vertraulichkeit. Ja,
liebste Freundinn, ich bin nicht sowohl bet-

net-

netwegen, denn deine Denkungsart ist für
deine würkliche Bestimmung zu edel, als
wegen Menandern in Unruhe. Seine
verliebte Zärtlichkeit ist ausserordentlich,
und bey einer Bacchis kann auch der fin-
sterste Mensch unmöglich gleichgültig bleiben. Die Muthmaßung bleibt mir nur
allzuwahrscheinlich, daß diese Reise nicht
weniger, um mit dir bekannt zu werden,
als der isthmischen Spiele wegen, ange-
stellt worden sey. — Misbilligst du vielleicht meinen Verdacht? Verzeihe, mein
Schatz, dieser Eifersucht, die uns Mädchen so eigen ist. Es ist für mich keine
Kleinigkeit, einen Liebhaber, wie Menan-

der ist, zu verliehren. Zudem, sollte sich
zwischen mir und ihm einiger Kaltsinn, ei=
nige Zwistigkeit ereignen, so würde ich mir
es gefallen lassen müssen, auf dem Schau=
platze von einem Chremes oder Diphilus
die bittersten Vorwürfe anzuhören. Ich
werde dir unendlichen Dank wissen, wenn
er mit den nehmlichen Gesinnungen in mei=
ne Arme zurücke kömmt, die er noch bey
seiner Abreise hegte. Lebe wohl.

30.

Bacchis an den Hyperides.

Wir Mädchens insgesamt bezeugen dir
hiermit unsere Dankbarkeit; nicht
eine

eine einzige ist, die in einem geringern Grade, als Phryne selbst, verpflichtet. Sie
alleine betraf zwar die gefährliche Rechts-
sache, die der boshafte Euthias angespon-
nen hatte, die Gefahr aber war vollkommen gemeinschaftlich. Würden wir unsere
Geliebten fruchtlos um Geschenke bitten,
würden wir, als Freundinnen der Götter
angeklagt werden, so bald wir unsere Gunst-
bezeugungen freygebigen Liebhabern zuwen-
den, o, denn hätten wir den besten Grund,
unsre Lebensart aufzugeben, und uns weder selbst, noch andre durch unserm Umgang Verdrüslichkeiten auszusetzen. Nun
aber wollen wir aufhören, über den Zustand

stand buhlerischer Mädchen aus diesem
Grunde zu murren, weil Euthias sich als
einen ungetreuen Liebhaber gezeigt hat;
er sey uns inskünftige vielmehr doppelt rei=
zend , weil Hyperides unser gefälliger
Freund ist. — Deine Menschenliebe ver=
dient in der That das blühendste Glück.
Du hast eine würdige Freundinn dir zum
Vortheil errettet, und uns ihrentwegen zu
dankbarlichen Gefälligkeiten zum voraus
verpflichtet. Würdest du Phrynens Schütz=
rede noch überdieß schriftlich abfassen, o, dann
wollten wir Mädchens in der That dir eine
goldne Bildsäule aufrichten, in welchem Thei=
le Griechenlands du es verlangen würdest.

6... ,   ══════════

31.

Bacchis an Phrynen.

Der Antheil, liebſte Freundinn, den ich an deiner Gefahr nahm, war nicht ſo ſtark, als den ich nun an den Vergnügen nehme, daß du von einem boshaften Liebhaber getrennet biſt, und an dem Hyperides einen aufrichtigen Geliebten gefunden haſt. Ich bin überzeugt, daß dieſe Rechtsſache für dich eine glückliche Begebenheit geweſen ſey. Nicht bloß in Athen, nein, in ganz Griechenland hat dieſe Streitigkeit deinen Nahmen ausgebreitet. Der Verluſt deines Umgangs wird den Euthias ſattſam

sattsam bestrafen; er scheint mir aus na-
türlicher Unbesonnenheit die Gränzen der
Eifersucht unter Verliebten nur im Zorne
überschritten zu haben. Sey versichert, er
liebt dich gegenwärtig heftiger, als selbst
Hyperides. Dieser letztere verlangt ohne
Zweifel in Rücksicht auf seine Vertheidigung mit einer gewissen Hochachtung ange-
sehen zu werden, und sich kostbar zu machen; jenen aber feuert der widrige Aus-
gang seines Processes noch heftiger zur Liebe an. Mache dir immer auf seine Bitten, seine Demüthigungen und häufige
Geschenke auf das neue sichere Rechnung. —
Aber, liebstes Mädchen, vergieb hierin-

nen

nen unsern Vortheilen ja nichts, und laß

dich des Euthias flehentliches Anhalten

nicht erweichen, wenn man nicht denken

soll, Hyperides habe in dieser Sache eine

schlechte Wahl getroffen. Glaube es nicht,

wenn man dir sagt, der Redner würde

nichts ausgerichtet haben, wenn du nicht

das Kleid aufgerissen, und den Richtern

den entblößten Busen gezeiget hättest.

Eben seine Vertheidigung war es, die dich

in Stand setzte, diesen Streich in dem

gelegenen Augenblicke anzubringen.

―――――――

32.

Bacchis an Myrrhina.

Nein, bey der mächtigen Venus! möch=
test du doch niemals eines vollkomme=
nen Geliebten theilhaftig werden! möchtest
du doch deine Tage in Gesellschaft des Eu=
thias zubringen, der itzt deine ganze Hochach=
tung besitzet! — Mädchen, wie unglücklich
macht dich diese Thorheit, dieses zuversicht=
liche Vertrauen auf eine so nichts bedeu=
tende Schönheit! Das ist ja ganz be=
greiflich, daß er Phrynen, mit Hintanse=
tzung einer Myrrhina, lieben wird. Scheint
es doch, du habest dem Hyperides deine

Em=

Empfindlichkeit zu erkennen geben wollen, weil er gegen dich etwas kaltsinnig war. Er hat eine Geliebte, die seiner würdig ist, und du hast einen Liebhaber, der sich ganz artig für dich schickt. Bitte ihn nur um ein Geschenke, du wirst gleich erfahren, daß du entweder die Schifsmagazine angezündet habest, oder die Gesetze verletzest. — Die Wahrheit zu sagen, du bist uns allen verhaßt, die wir die Liebe mit eblern und menschenfreundlichern Gesinnungen verehren.

———

33.

Thais an Thessalen.

Nie hätte ich das geglaubt, daß ich mich mit Eurippen nach einer so großen Vertraulichkeit iemals entzweyen würde. Ich bin nicht geneigt, ihr die verschiedenen Gelegenheiten vorzurücken, in welchen ich ihr, bey ihrer Ankunft aus Samos, nützliche Dienste leistete. Genug, daß ich gegen den iungen Pamphilus unerbittlich war, blos weil er bereits mit ihr in Bekanntschaft gerathen zu seyn schien, und du weißt es, welche Geschenke er mir machte. So artig erwiedert sie nun meine

ne Gefälligkeit, und ſucht ſich damit bey
der verwünſchten Megara beliebt zu machen! Auf dieſe hatte ich zwar wegen des
Stratons ſchon längſt einigen Verdacht
geworfen; was aber jene anbelangt, ſo
vermuthete ich aus ihren Beſchimpfungen
eben nichts ungewöhnliches. Man be-
gieng das Ceresfeſt, und die ganze Geſellſchaft war, wie gewöhnlich, die Nacht
über bey mir. Hier ſetzte mich Eurippens
Bezeigen in Verwunderung. Ihr höhni-
ſches Gelächter mit Megaren, und ihre
Spöttereyen entdeckten mir ihre Feind-
ſchaft, und dann ſang ſie noch öffentlich
Liederchen auf den Geliebten ab, der mir

unge-

ungetreu wurde. Das alles rührte mich
eben nicht sehr. Endlich aber vergaß sie
allen Wohlstand, und machte auf mich we=
gen der Schminke beissende Anspielun=
gen. — Ihre Sachen müssen wohl sehr
schlecht stehen; es scheint, sie besitze nicht
einmal einen Spiegel. Denn wüßte sie,
daß ihre Gesichtsfarbe dem Okergelb gleich
käme, sie würde mich nicht beschuldigen,
ich wäre ungestalt. — Mein Kummer
hierüber ist nur geringe. Ich wünsche
blos meinen Verehrern, nicht aber einer
Megära oder Eurippe zu gefallen. Die
Affengesichter! Deinen fernern Tadel zu
vermeiden, das wär allein die Ursache nie=

nes

nes Geständnisses. Keine beissende Spöttereyen, keine Beschimpfungen, nein,
Streiche, die sie weit empfindlicher kränken werden, sollen mich rächen. — Göt-
tin der Rache, erfülle meine Wünsche!

34.

Thais an den Eythydemus.

Seitdem es dir eingefallen, dich der
Weltweisheit zu widmen, so bist du
ein ehrwürdiges Männgen, das die Au-
genbraunen bis über den Scheitel hinauf
zieht. Gezwungen in dem Betragen, ein
Buch in der Hand, so steigst du in die
Akademie vor meinem Hause vorbey, gleich

F 3 als

als wenn du es mit keinem Auge iemals
angeblickt hätteſt.   Welche Thorheit, lieb-
ſter Eythydemus ! iſt es dir unbekannt,
was iener finſtre Sophiſt mit ſeinen Un-
terredungen, die bey euch ſo viele Bewun-
derung erregen, für ein feiner Mann iſt?
Wie lange glaubſt du wohl , daß er mich
ſchon mit ſeinen Liebserklärungen quält?
Gegenwärtig iſt ſeine Leidenſchaft würklich der Herpyllis, Megarens Bedienten,
gewidmet.   Damals verwarf ich ſeinen
Antrag, denn aller Sophiſten Gold ſchien
mir weit geringer, als das Vergnügen,
in deinen Umarmungen zu ſchlummern.
Aber nun , nun will ich ihm Gehör geben.

ben, weil er an der Trennung unsers Um=
gangs Ursache zu seyn scheint. Ist es dir
gefällig, gut, so will ich einmal Abends
dich augenscheinlich überführen, daß die=
sen hochweisen Lehrer, diesen Mädchenfein=
de — der Genuß gewöhnlicher Wollüste
gar nicht zu befriedigen im Stande ist.
Unbesonnener Jüngling, das sind lauter
Possen, lauter Künste, sich Ansehen und
Zuhörer zu erwerben. Glaubst du denn,
daß ein Mädchen und ein Sophiste eben
so verschiedene Dinge sind? Vielleicht nur
in so ferne, daß wir uns nicht einerley
Mittel bedienen, die Leute auf unsere Sei=
te zu bringen, denn unser gemeinschaftli=

cher

cher Endzweck ist ia, Geld zu verdienen.
Dabey aber hegen wir weit gesittetere und
frömmere Grundsätze.   Wir läugnen kei=
ne Götter; denn wir glauben unsern Ge=
liebten, wenn sie uns bey denselben ihre
Treue zuschwören.   Wir verlangen von
den Mannspersonen keine unnatürliche
Verbindungen mit Schwestern und Müt=
tern, wir wollen nicht einmal, daß sie
mit andern Mädchens, als uns Bekannt=
schaft machen sollen.   Das ist wahr, die
Ursachen der Wolken, die Eigenschaften
der Atomen, dergleichen wissen wir frey=
lich nicht, aber kannst du uns deswegen
den Vorzug vor den Sophisten absprechen?

Ich

Ich selbst, nahm an dem Unterricht und den Gesprächen verschiedener dieser Leute meinen Antheil. — Niemand, der uns Mädchens besucht, beschäftigt sich mit den leeren Einbildungen, den Staat zu verwirren, und sich der Herrschaft zu bemächtigen. Er trinkt zur Morgenzeit, er berauscht sich, und überläßt sich bis neun oder zehn Uhr der Ruhe. In der Auferziehung iunger Leute geben wir ihnen vollends nichts nach. Vergleiche, wann du willst, Aspasien und den Sophisten Sokrates, und erwäge denn; welches von ihnen beiden bessere Leute gebildet habe. Du wirst finden, ein Perikles ist der Schüler von

F 5   ihr

ihr, und ein Kritias der seinige. — Fort
mit dieser Thorheit, mit diesem verdrüsli=
chen Betragen, geliebtester Eythydem, so
schöne Augen sind nicht zu finstern Blicken
gemacht. Komme, besuche deine Gelieb=
te, wie ehemals, da du oft aus dem Ly=
ceen kamst und dir den Schweis abtrock=
netest. Dann wollen wir, vom Weine
begeistert, uns von der reizenden Wahr=
heit, daß die Wollust der Endzweck der
Dinge sey, wechselsweise überführen. Ich
versichere dich, meine Stärke in der Phi=
losophie wird dir hier deutlich in die Au=
gen leuchten. Die Gottheit räumt unserm
Leben nur wenig Augenblicke ein; Willst

du sie wohl auf räzelhafte nichtsbedeutende

Dinge unvermerkt verschwenden?

35.

Simalion an die Petala.

Ich würde dein stolzes Bezeigen gegen

mich keiner Unbilligkeit beschuldigen,

woferne dir das einiges Vergnügen oder

Ansehen bey deinen Verehrern versprechen

könnte , wenn ich mich zu wiederholten-

malen an deine Thüre begebe , und meine

Klagen bey den Mädchens ausschütte , die

man an glücklichere Liebhaber abschickt.

Ich weis es , der Schritt , den ich mache ,

ist nur fruchtlos ; aber sey versichert , we-

nige

nige deiner Geliebten würden bey dem Ver-
lust deiner Zärtlichkeit sich so traurigen Em-
pfindungen, als ich, überlassen können.
Zwar schmeichelte ich mir, der Wein, den
ich gestern Abends bey dem Euphronius
in Menge trank, würde mir einige trösten-
de Linderung verschaffen, und die nächtli-
chen Sorgen zerstreuen; allein ich erfuhr
gerade das Gegentheil. Meine Leidenschaft wurde noch heftiger angefacht, ich
weinte, ich schluchste laut, und die Gefäl-
ligsten aus der Gesellschaft trugen Mitlei-
den mit mir, da ich mich unterdessen den
übrigen lächerlich machte. Eine geringe
Erleichterung, ein Trost, der aber bereits

zu

zu verschwinden scheint, bleibt mir noch
übrig. Es ist das kleine Geschenke, das
du unter dieser traurigen Kläge beym
Schmaus aus den Locken riffest und mir
zuwarfst, zum Zeichen, daß meine über-
schickten Geschenke dich doch nicht alle beleidigen. — Noch einmal, findest du
daran dein Vergnügen, wohl, so geniesse
meines Kummers, erzähle ihn den Freunden, die gegenwärtig glücklicher als ich sind;
vielleicht werden sie sich in kurzen gleich-
falls dem Schmerze überlassen müssen, wenn
sie ein ähnlich Schicksal empfinden. —
Möchten nur deine Bitten fähig seyn, Cy-
therens Unwillen über diesen Stolz zu be-

sänfti-

fänftigen! — Schmähungen, Drohun=
gen würden den Brief eines andern ange=
füllt haben, ich aber, ich flehe und demü=
thige mich noch. — Ja, Petala, meine
Liebe ist von der äusserften Heftigkeit, steigt
sie, so zittere ich für dem traurigen Bey=
spiel der Unglücklichen, die ihre Klagen an
allzugrausame Schönen verschwendeten.

36.

Petala an den Simalion.

Wahrhaftig, das wünschte ich noch,
daß ein Mädchen ihre Ausgaben
mit Thränen bestreiten könnte! Recht
prächtig wollte ich alsdann leben, denn du
wür=

würdest mir, das weis ich, einen reichen
Vorrath davon gütigst überlassen. Ißt,
leider! brauchen wir Gold, Kleidungen,
Schmuck und Sklavinnen, die ganze Ein-
richtung unserer Lebensart hängt von diesen Dingen ab.   Ich besiße kein Erbgüt-
gen in Myrrhinus, ich habe keinen Antheil an den Silbergruben, blos kleine Geschenke und die Freygebigkeit unbesonnener
Liebhaber, eine Sache, die erst nach vielem Jammern und Seufzen würksam wird,
machen meinen Reichthum aus. Ein Jahr
ist es bereits, seitdem ich mich in deiner
Gesellschaft voll Verdruß befinde. Mein
Kopf ist vom Puße entblößt, er hat diese

ganze

ganze Zeit über keinen Balſam nicht einmal geſehen, und in dieſen alten groben
Tarentiniſchen Kleidern gehe ich meinen
Freundinnen recht zur Schande herum.
In der That, ich vergröſſere nichts. Und
du glaubſt wohl dennoch, ich fände bey deinem Umgang immer meinen Unterhalt? —
Weinſt du? Sey verſichert, es ſoll nicht
lange währen. Ohne einen Liebhaber,
der mich beſchenkt, müſte ich ohne Umſtände Hunger leiden. — Wie wenig Beyfall verdienen auch dieſe Thränen? Mächtige Venus! du liebſt, ſprichſt du, und
wünſcheſt deine Geliebte zu beſitzen; ohne
ſie wäre es dir ohnmöglich zu leben. Gut,

mein

Gut, mein Freund, sind denn keine Becher in eurem Hause? Kannst du der Mutter kein Geschmeide, dem Vater kein eingegangenes Geld heimlich entwenden? Wie glücklich ist nicht Philotis! Die Grazien haben sie mit holdern Augen angeblickt. Welch ein Liebhaber ist nicht ihr Meneklides, der ihr leden Tag ein neües Geschenke macht! das ist besser als weinen. Ich Unglückliche, ich habe keinen Liebhaber, sondern einen Leichensänger, der mir Kränzgen und Rosen, wie dem Grabe einer iungen Person schickt, und mich versichert, daß er die ganze Nacht geweinet habe. Kurzum, kannst du mich beschenken, so komme und

G   spare

spare die Thränen, wo nicht, so behalte deinen Kummer für dich, ohne mir selbst damit beschwerlich zu fallen.

37.

Myrrhina an die Nicippe.

Diphilus bezeigt sich gegen mich vollkommen kaltsinnig; seine Neigung ist ganz der nichtswürdigen Thessala gewidmet. Bis gegen das Adonisfest stattete er noch von Zeit zu Zeit seine Besuche bey mir ab, um in meiner Gesellschaft zu schmausen, und die Nächt zuzubringen, allein schon damals äusserte er ein empfindlich stolzes Wesen, und verlangte eine besondere

sondere Aufmerksamkeit. Meistens kam
er dann betrunken unter Begleitung des
Helix, der sich bey mir die Zeit gerne vertreiben mochte, weil er in die Herpyllis
verliebt war.   Nun aber macht er gar
kein Geheimnis daraus, daß er den Umgang mit mir völlig aufzugeben gesonnen
sey. Vier ganze Tage zecht er schon in
Lysis Garten mit Thessalen und dem ver-
zweifelten Strongilion, der aus einem gewissen Grolle wider mich ihn mit dieser
neuen Geliebten bekannt machte. Meine
Briefe, das Hin- und Wiederschicken der
Sklavinnen, alle dergleichen Versuche lie-
fen fruchtlos, ohne Nutzen ab, ja, ich glau-

be

be sogar, sie haben seinen Stolz und die Lust, mich zu beschimpfen, noch vermehrt. Das einzige bleibt mir also übrig, daß ich die Thüre verschließe, wenn er einmal wieder die Nacht bey mir zubringen will, und ihn ganz unerbittlich abweise, wenn es ihm etwa einfiele, sich mit Thessalen zu entzweyen. Gemeiniglich bändigt die Verachtung den eklen Uebermuth. Ist aber auch dieses umsonst, alsdenn muß ich, wie bey einer heftigen Krankheit, ein stärkeres Hülfsmittel gebrauchen. Denn das wäre zu arg, nicht nur allein den Gewinnst, den ich von ihm ziehe, zu verliehren, sondern auch Thessalen zum Gelächter zu werden.

den. Du haſt, wie du mir ſagſt, einen
Liebestrank, den du öfters in deiner Ju=
gend bewährt befunden. Dergleichen Mit=
tel werde ich mich wohl bedienen müſſen,
ſeinen allzugroßen Stolz ſowohl, als ſeine
Neigung zum Trunke gänzlich bey ihm
auszurotten. In ordentliche Friedenstrak=
taten will ich mich mit ihm einlaſſen, und
auf eine überredende Weiſe weinen. —
Die Rache des Himmels würde ihn tref=
fen, wo er mich, ſeine zärtliche Geliebte,
dergeſtalt verachten würde, — und an=
dere ſolche Ausdrücke will ich erdenken und
vorbringen. Hierauf wird der Boshafte
mit einer vornehmen Mine kommen, —

er

er wird zu erkennen geben, meine heftige
Liebe gegen seine Person erweiche ihn; —
es sey ganz billig, daß er sich an die alte
Zeit und unsere Bekanntschaft erinnere. —
Des Helix werde ich mich zu gleicher Zeit
bemeistern. Diese Mühe nimmt Herpyl=
lis auf sich: —   Wie wohl, wenn nur
die Liebestränke nicht so sehr mißlich wä=
ren, und sich mit so traurigen Würkungen
zu endigen pflegten. —   Doch das ist mei=
ne geringste Sorge. Er muß schlechter=
dings entweder für mich leben, oder für
Thessalen sterben.

38.

38.

Meneklides an den Eythykles.

Sie ist dahin, o mein Eythykles, die
liebenswürdige Bacchis, sie ist dahin. Nichts als häufige Thränen und das
Angedenken der zärtlichsten Liebe, die die
glücklichsten Folgen begleiteten, bleibt mir
von ihr zurücke. — Nein, niemals werde ich meine Bacchis vergessen; niemals
wird dieser Zeitpunkt erscheinen! — Mit
welcher aufrichtigen Liebe erwiederte sie
nicht die meinige! Man spräche richtig,
wenn man sie eine lebendige Vertheidigung
der Lebensart iunger Mädchen nennte. Ja,

G 4 sie

sie würden meinen Beyfall erhalten, wenn
sie ihre Bildsäule in feyerlicher Versamm-
lung in dem Tempel der Venus oder der
Grazien aufrichten wollten. Ihr Beyspiel
bewies, daß die von iedermann angenom-
menen Regeln, die Mädchen wären bos-
haft und falsch , alles ziele bey ihnen auf
Eigennutz , man fände durch Geschenke
stets Zutritt, sie verursachten ihren Geliebten alles mögliche Unglück, nichts als blos-
se Verläumdungen sind. Ihre Aufführung
war schon hinlänglich, sich der ausgebreite-
ten Lästerung entgegen zu setzen. Du wirst
dich an den Meder erinnern, der aus Sy-
rien hieher kam, mit welchem Staate und

Bedie-

Bedienung er sich zeigte, und wie er ihr Verschnittene, Sklavinnen, und andere ausländische Kostbarkeiten anbot. Sie hörte den Vorschlag und verwarf ihn. Sie begnügte sich, mein geringes und gemeines Lager mit mir zu theilen; meine sparsame Geschenke befriedigten sie, und des Satrapens prächtige wurden mit Verachtung verworfen. Und wie schnöde wuste sie nicht den ägyptischen Kaufmann abzufertigen, der sich zu einer so beträchtlichen Summe erbot? — Gewiß, wie wird es möglich seyn, etwas vollkommneres, als sie, zu finden. Was für einen edlen Charakter hatte das Verhängnis mit der Be-

G 5   stim=

ſtimmung einer Lebensart verknüpft, die
eben nicht die glücklichſte iſt? — Und nun,
nun ſtirbt ſie, ſie verläßt mich, und Bacchis
muß inskünftige das einſame Grab bede-
cken! Grauſame Parcen! war es nicht
billig, daß ich auch itzt, wie ehemals, mit
ihr vereinigt ruhen ſollte? Aber ach! ich
bin noch am Leben, ich genieße meinen Unterhalt, und unterrede mich mit meinen
Freunden! — Nun wird ſie mich nicht
mehr mit ihren holden Augen lächelnd an-
blicken, nicht mehr in ſanfter Vertraulichkeit die Nächte mit ienen reizenden Scher-
zen zubringen. Nur neulich noch, Himmel! welche Sprache, welche Blicke!

welche

welche bezaubernde Reize beseelten ihren
Umgang! was für ein süßer und reiner
Nektar träufte von ihrem Kuß! Ich glaube, die Göttinn der Ueberzeugung selbst
hätte zu äußerst auf den Lippen ihren Wohn-
platz aufgeschlagen.   Ganz umgab sie der
mächtige Gürtel der Venus, welche sie
von allen Grazien begleitet, in sich begriff. — Sie sind dahin, die kleinen Lieder, die sie beym Schmaus sang; die Leyer,
welche ihre Finger, dem Elfenbeine ähnlich, schlugen! Sie, die alle Grazien
schätzten, liegt nun als ein gefühlloser
Stein, liegt als Asche begraben.   Die
niederträchtige Megara, deren ausschwei-

fende

fende Räubereyen den unglücklichen Thra-
genes aus einem sehr schönen Vermögen
so weit gebracht, daß er die Waffen ergrei-
fen und sich in Krieg begeben mußte, die
lebt, und Bacchis hingegen, die ihrem Geliebten zärtlich getreue Bacchis, stirbt. —
Liebster Eythykles, die Klagen, die ich gegen dich ausschüttete, haben mir das Herz
etwas leichter gemacht. Von ihr zu reden
und zu schreiben, ist für mich Wolluft;
denn nichts blieb mir von ihr, als das
Erinnern, noch zurücke. Lebe wohl.

39.

39.

Megara an Bacchis.

Dir allein hat es also geglückt, einen
Liebhaber zu bekommen, den du mit
solcher Zärtlichkeit liebst, daß es dir ohn*
möglich fällt, einen Augenblick von ihm
getrennet zu seyn? Was das nicht für ei*
ne wunderliche Aufführung ist! Mächtige
Venus! Schon so lange hat dich Glycera
eingeladen, denn uns sagte sie es schon
bey dem Bacchusfeste, und doch kommst
du, wahrscheinlich blos seinetwegen, nicht,
und entschlägst dich des Umgangs deiner
Freundinnen. Nun, du bist wahrhaftig

ein

ein ehrbares Mädchen, das seinen Geliebten würklich liebt! Wie glücklich macht
dich nicht dieser feine Lobspruch? Wir hingegen sind nur wilde, ausgelassene Buhle-
rinnen. — Aber nur Geduld, (*) Phi-
lo stützte sich auch nur auf einen Stab von
Feigenholze. — Bey unsrer großen Göttinn, ich bin recht böse auf dich! Tessala,
Myrrhina, Chrysium, Eurippe, alle waren wir bey einander; selbst Philumene,
die erst neulich geheyrathet, und so eifer-
süchtig gehalten wird, schläferte ihren arti-

. gen

(*) Ein Sprüchwort der Griechen, den
    schlechten Ausgang einer fälschlich
    schmeichelnden Hofnung anzuzeigen.

gen Gemahl ein, und kam, zwar etwas
späte, doch genug, sie blieb nicht aus. Du
nur allein bewachteſt deinen Adonis, damit ihn Proſerpina nicht entführte, wenn
du, seine Venus, ihn verlaſſen würdeſt.
O! was war das nicht für ein Schmaus!
(ich muß dir nur immer ein wenig wehe
thun) was fehlte wohl seinen Reizungen?
Da waren Lieder, Scherze, Balſam, Blu-
menkänze, Konfekt, und alles dauerte
bis gegen Anbruch des Tages. Unſer Lager war unter einigen schattigten Lorbeer-
bäumen aufgeschlagen. Du allein fehlteſt
uns noch, ſonſt vermißten wir nichts.
Schon öfters verſchaften wir uns zwar

derglei-

dergleichen Vergnügen, selten aber genos-
sen wir es so vollkommen (*). Und so
brachten wir nun die ganze Nacht hin;
wir schimpften auf unsere Liebhaber, wir
wünschten uns andere, weil doch die frische
Liebe stets reizender ist, und berauscht verließen wir endlich den Platz. Nach vielen auf der Straße verübten Muthwillen
beschmaußten wir noch den Deximachus
in dem Goldgäßgen, gegen Agnos hinab,
zunächst an des Menephrons Hause. Das
macht, Thais ist in ihn auf das heftigste,
                                        und

(*) Die hier ausgelaßne Stellen werden
    Leser von feinem Geschmacke gewiß
    nicht vermissen.

und wahrhaftig, auch mit gutem Grunde
verliebt. Der junge Mensch hat ja erst
neulich seinen reichen Vater geerbt. —
Diesesmal wollen wir dir deinen Stolz
noch verzeihen; am Ceresfeste aber werden
wir bey Theſſalens Liebhaber in Kolyttus
unſern Schmaus halten, denn ſie wird
das feierliche Gepränge mit dem Adonis
beſorgen. Alsdenn muſt du ganz gewiß
kommen, und dein Spielgeräthe, und dei=
nen itzt ſo geliebten Adonis mitbringen.
Unſere Liebhaber ſollen der Luſtbarkeit mit
beywohnen. Lebe wohl.

H 40.

40.

Philumene an Kriton.

Was nützt das ewige Schreiben,
und dein Kummer? Kurz um:
funfzig Goldstücken muß ich haben, keine
Briefe brauche ich nicht. Liebst du mich,
gut, so beschenke mich; bist du aber ein
Geizhals, so falle mir nicht beschwerlich. Lebe wohl.